Der Abc-Duden

Vom Buchstaben zum Alphabet – ein erstes Wörterbuch

von Ulrike Holzwarth-Raether

und Ute Müller-Wolfangel

mit Bildern von Barbara Scholz

3., aktualisierte Auflage

Dudenverlag

Mannheim · Leipzig · Wien · Zürich

Bibliografische Information der Deutschen Bibliothek
Die Deutsche Bibliothek verzeichnet diese Publikation
in der Deutschen Nationalbibliografie;
detaillierte bibliografische Daten sind im Internet
über http://dnb.ddb.de abrufbar.

Das Werk wurde in neuer Rechtschreibung verfasst.

 D C B A

Lektorat: Anja Fischer
Herstellung: Claudia Rönsch
Layout und Satz: Berit Wenkebach, Mannheim
Umschlaggestaltung: Mischa Acker
Druck und Bindung: Stalling GmbH, Oldenburg

Printed in Germany
ISBN 3-411-70773-9

Inhalt

Liebe Eltern, liebe Lehrerinnen und Lehrer,

A wie Ampel, B wie Banane ... Z wie Zelt – so fangen Kindergarten-Kinder mit dem Lesen und Schreiben an. Beim Lesen setzen sie Buchstaben in Laute um, beim Schreiben gehen sie umgekehrt vor. Sie schreiben das, was sie mit den Ohren wahrnehmen. Die erste Schreib- und Lesestrategie der Kinder ist also davon abhängig, den Zusammenhang zwischen dem Laut und dem Buchstaben zu erfassen.

Der Abc-Duden hat drei Teile:

Im ersten Teil werden **alle Buchstaben von A bis Z** vorgestellt. Auf der linken Seite finden sich stets einfache Wort-Bild-Zuordnungen. Dabei wurden, wo immer es möglich war, lautgetreue Wörter ausgewählt und illustriert, also Wörter, die man so schreibt, wie man sie spricht. Die jeweils rechte Seite ist immer eine „Arbeitsseite“ mit akustischen und optischen Übungen zum jeweiligen Buchstaben und Laut. Auf das Z folgen noch einige Seiten mit wichtigen Lauten wie Sch, Sp, Ei und Au.

Im zweiten Teil wird mit **einfachen Abc-Spielen** das Alphabet geübt. Wer später einmal mit einem Wörterbuch arbeiten und schnell nachschlagen will, der muss das Abc in- und auswendig können.

Der dritte Teil des Abc-Dudens ist ein **kleines Wörterbuch** zum Nachschlagen. Dort sind neben den Namenwörtern des ersten Teils auch Verben, Adjektive und einige „kleine“ Wörter zusammengetragen. Fast alle Wörter in dieser Liste werden lautgetreu geschrieben. Damit hält das Kind eine Liste von Wörtern in der Hand, die ihm das erste Lesen und Schreiben sehr erleichtert.

Für alle, die sich auf die Schule freuen, ist der Abc-Duden ein Anreiz, sich mit dem Alphabet zu beschäftigen. Für Schulanfänger ist er eine Hilfe zum Schreiben und Lesenlernen. Für fortgeschrittene Grundschulkinder bietet er ein erstes kleines Wörterbuch mit lautgetreuen, einfach zu schreibenden Wörtern. Damit ist er die Grundlage für die erste wichtige Rechtschreibstrategie.

Die Autorinnen

Wer diese kleinen Zeichen kennt, braucht keine langen Arbeitsanweisungen!

Das ist das **Sprechzeichen**.
Sprich das, was du auf den Bildern siehst, sehr deutlich aus.

Das ist das **Hörzeichen**.
Dieses Zeichen sagt dir, auf welchen Laut du ganz genau hören musst. Der große Buchstabe (E) bedeutet, dass du auf den Anfang des Wortes achten musst. Der kleine Buchstabe (e) fragt danach, ob der Laut im Wort oder am Ende des Wortes zu hören ist.

Das ist das **Sehzeichen**.
Hier musst du ganz genau hinsehen und die Buchstaben (B b), die groß und deutlich vorgegeben sind, in den Buchstabenwimmelbildern suchen und markieren.

Das ist das **Stiftzeichen**.
Nimm einen Stift und ...

... **kreuze an, kreise ein** oder **male an,** was du für richtig hältst, oder ...

... **verbinde** mit einem **Strich** das, was zusammengehört.

Das ist ein Sonderzeichen für schwierige Buchstaben. Diese Buchstaben haben sich ihre **Aussprache** von anderen geliehen: Das C vom K, das Qu vom K und W, das V vom F oder W. Sprich die schwierigen Buchstaben so aus, wie es in der Sprechblase steht.

Hast du das **Daumenkino** schon entdeckt?

A a

Affen

Amsel

Ananas

Ampel

Anorak

Ameisen

Afrika

A

Aa

Wanne

Kanne

Ast

Julia

Amerika

Angler

Amsel

Abend

Lager

B b

Besen

Banane

Büffel

Bikini

Brille

Biber

Baum

Bb

B b B q b

B g b B b G D B

b b b q b P d q

C K c

Clown

Currywurst

Camping

Cabrio

Collie

Comic

Cola

Computer

Cc

D d

Delfin

Distel

Dame

Dino

Domino

Düne

Dose

Deo

Dd

DCBDHOKQDPDTGBDO

bdqbglhdbgqdadbpqd

E e

Eskimo

Erfinder

Elefant

Elfmeter

Esel

Ente

Eltern

er

Lehrer

Elfmeter

Biber

Erfinder

Fenster

Computer

Container

Fernseher

F f

Fledermaus

Fabrik

Frosch

Füller

Fotograf

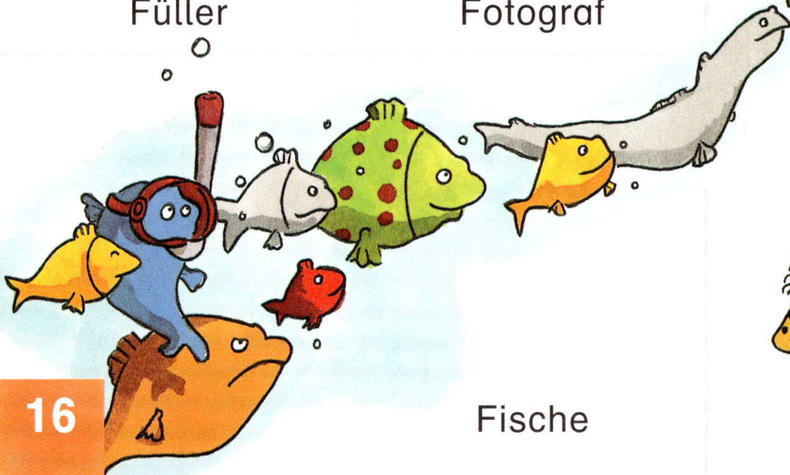

Fische

Flöte

Ff

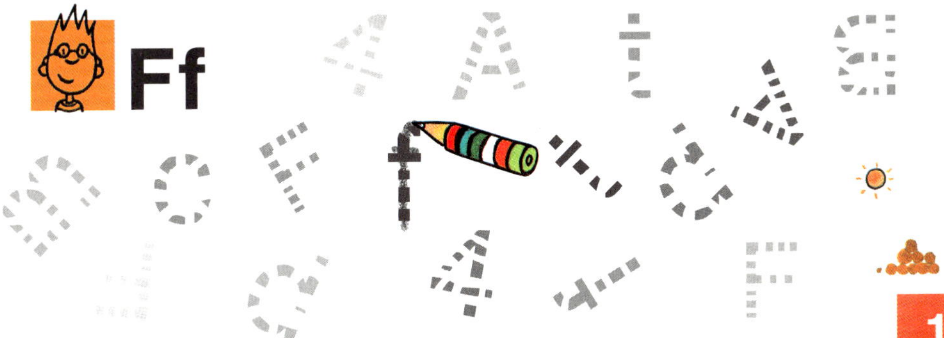

G g

Gewitter

Grille

Giraffe

Gurke

Grimassen

Girlande

Gorilla

Geige

Gg

H h

Hase

Haus

Hut

Hummel

Hose

Hampelmann

Hammer

Hamster

H

HOTEL

I i

Iltis

Igel

Indianer

Iglu

Imker

Insel

ICE

A, E, I

E
A
I
ICE

Ii

flLiltlüui
jüliLftjltfll
IfltiuLi
lttulljti
ülftlluia
ICE

J j

Junge

Jubiläum

Jojo

Judo

Juwelen

Juni

Jj

C J K i l

L j l j

I

t f t F C J

j J C J L A l j

K k

Kasper

Kaktus

Kater

Kamel

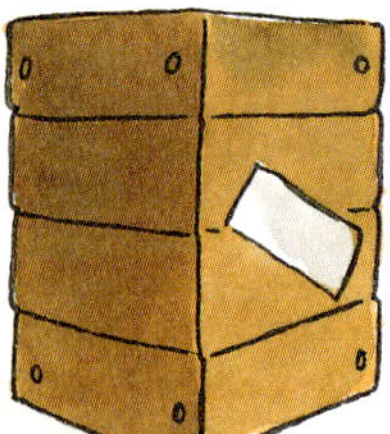

Kiste

Klo

Kartoffeln

Kk

Gurke

Knoblauch

Ast

Eskimo

Kaktus

Kokosnuss

Bikini

Kran

Afrika

L l

Lampe

Lok

Löwe

Lupe

Laterne

Lama

Libelle

Ll

M m

Melone

Mütze

Maske

Marionette

Muscheln

Mantel

Murmeln

Mm

N n

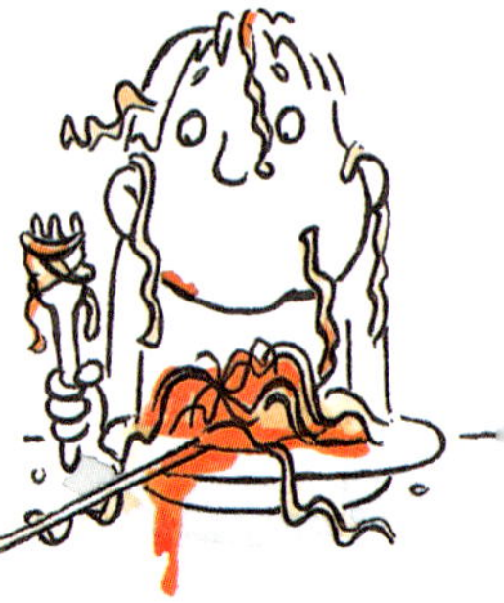

Nudeln

Noten

Nest

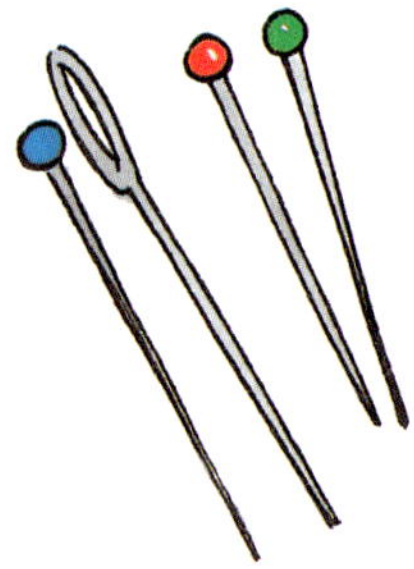

Nadeln

Nashorn

Nüsse

Nase

Nelke

M, m, N, n

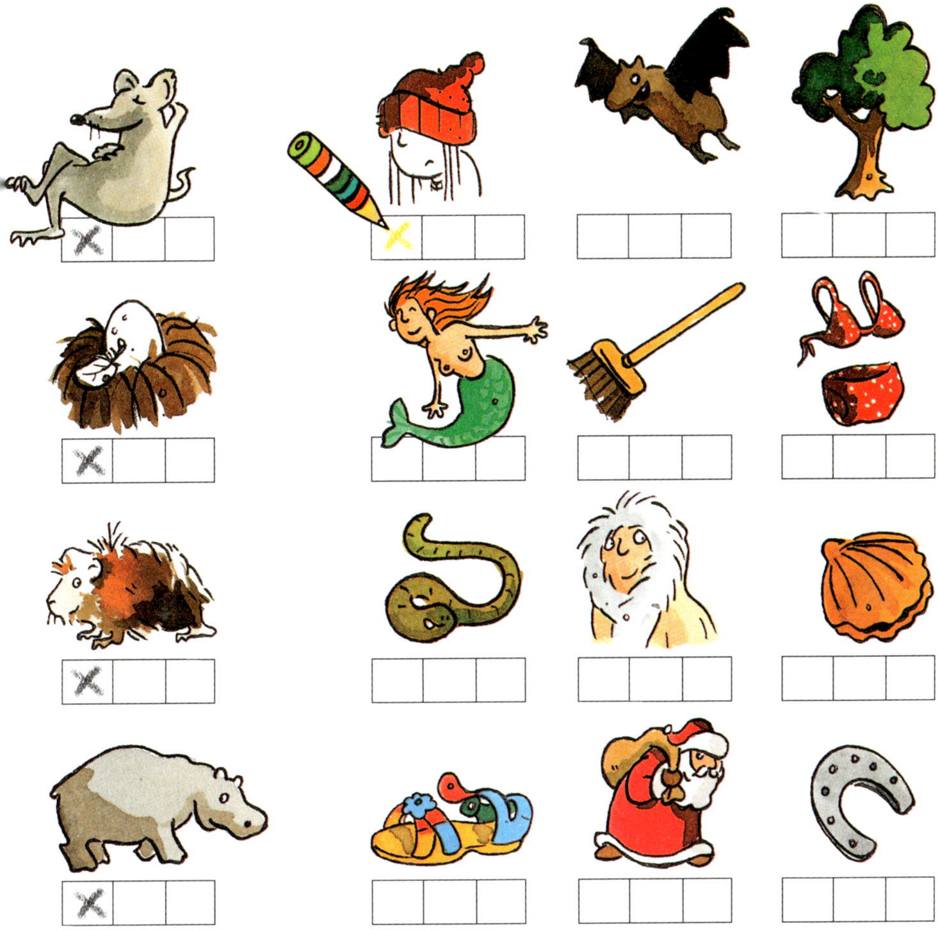

Nn

O o

Orden

Osterhase

Ofen

Ostereier

Oase

Opa

Oma

o, o

UKLMNOPQR
8
10
12

P p

Pudel

Paket

Pelikan

Planet

Pokal

Palme

Pirat

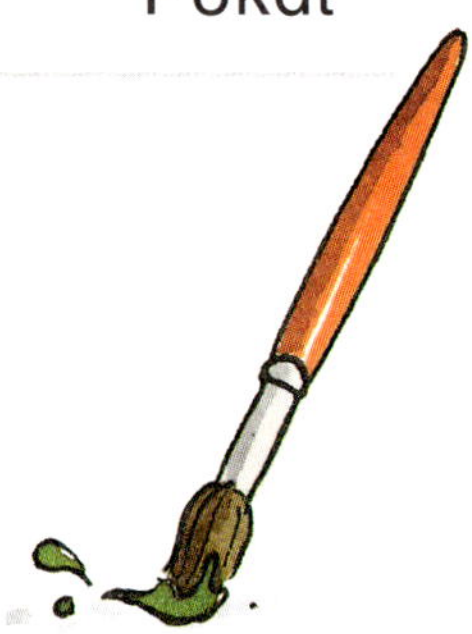

Pinsel

Pp

P d P P d

B D c

p d P d q p

p p

q p a p d o d q

p a b d p D B

Q q

Kw

Quitte

Qualm

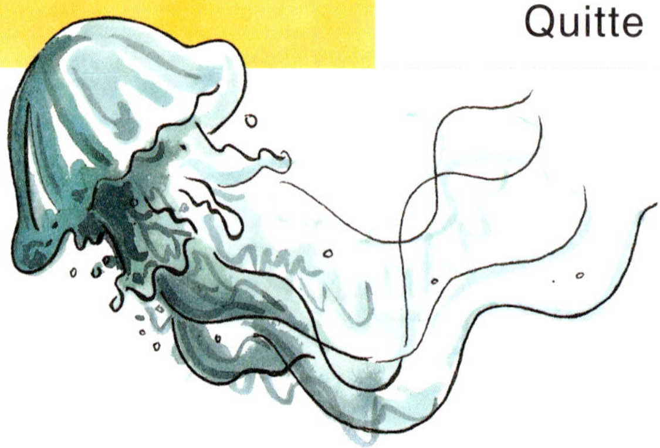

Qualle

Quatsch

Quelle

Quadrat

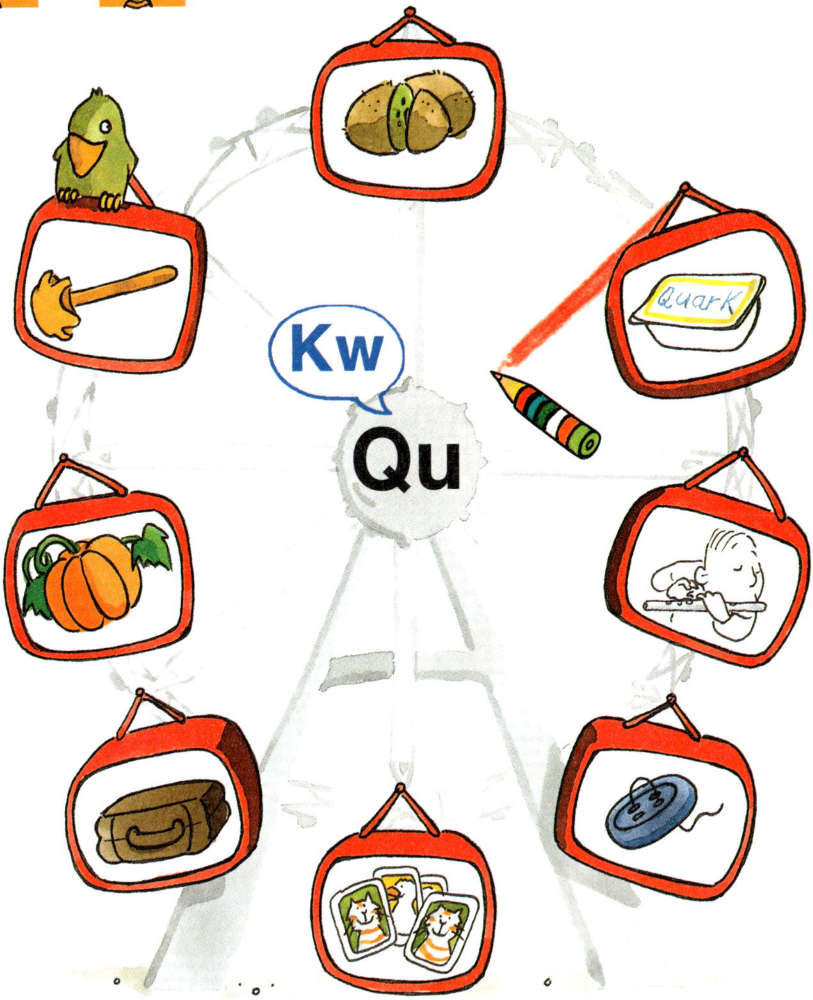

qu bu bu bu qu

du pu qu **bu** **qu** **du** **pu**

pu qu qu qu du Pu qu

R r

Regen

Ratte

Rabe

Roboter

Rose

Ritter

Robbe

Rakete

R

R

Rr

Die Rennmaus
Der schwarze Panter
Die riesengroße
Rennmaschine
Der Ritter Raubein
Der rote Papagei

S s

Sonnenblumen

Sessel

Sofa

Sandale

Salat

Segel

Sattel

Salami

Ss

Tisch

Tiger

Tafel

Tasche

Trompete

Telefon

Tomaten

Tt

Tom hat sich zwei wichtige Termine in seinen Taschenkalender eingetragen. Am Donnerstag, den 8. Januar hat seine Oma Geburtstag. Aber erst später wird in Trier gefeiert. Darauf freut sich Tom sehr, weil seine Oma die besten Kuchen backt. Schnell entschließt er sich, einen kurzen Geburtstagsbrief zu schreiben.

U u

Umschläge

Uhu

Ufo

Urwald

Urkunde

Uniform

Umzug

Uu

Im

Urwald

umkurven

lustige

Uhus bunte Ufos.

V v

W

F

Villa

Vase

Vampir

Vogel

Vater

Vulkan

Verband

Veilchen

F, W

W
V
F
V
4

W w

Wagen

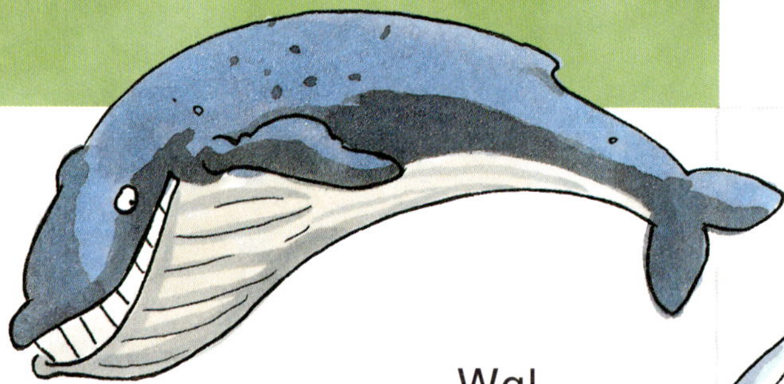

Wal

Welle

Wasser

Wanne

Wald

Windel

u v w

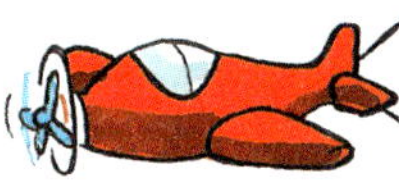

v w u v u w v u u v w v u w w u w

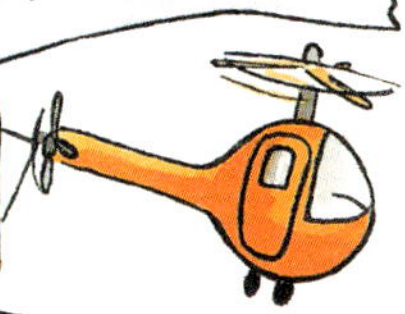

u v w v v w w u v w u v u v w u

w v u w w u v w v v w w u

X x

Nixe

Hexe

Taxi

Boxer

Y y

Teddy

Pony

Baby

Pyramiden

XY

Labyrinth Hexenküche

Hexe Hexenspruch Teddy

Pyramide Hexentanz Hexenhaus

Dynamo Hexerei Hobby

Z z

Zwerg

Zauberer

Zaun

Zwillinge

Zelt

Zebra

Zirkus

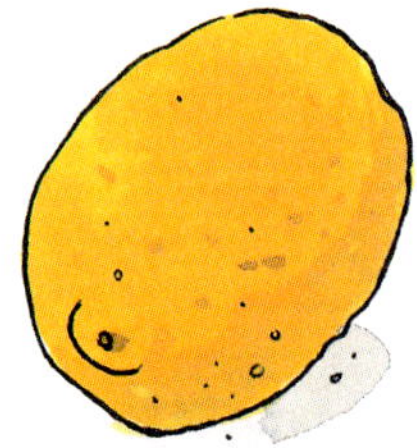

Zitrone

Zz

Zwischen
zwei
Zwetschgenbäumen
zwitschern
zwei Zeisige.

Sch sch

Schaf

Schal

Schlitten

Schokolade

Schwein

Schwan

Schlüssel

 **sch** sch  hcs sch **sch**

hcs sch **sch** *hsc* sch sch

sch chs sch **sch** chs 

Sp sp

Spagat

Spaten

Spinat

Spinne

St st

Staffelei

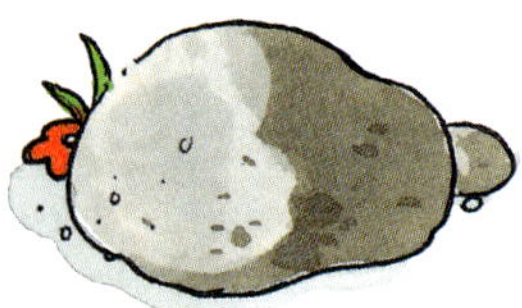

Stein

Stift

Storch

Sp sp, St st

Gespenster spuken in Gespensterschlössern.
Spinnen spinnen Spinnennetze.
Störche stolzieren über den Steg.

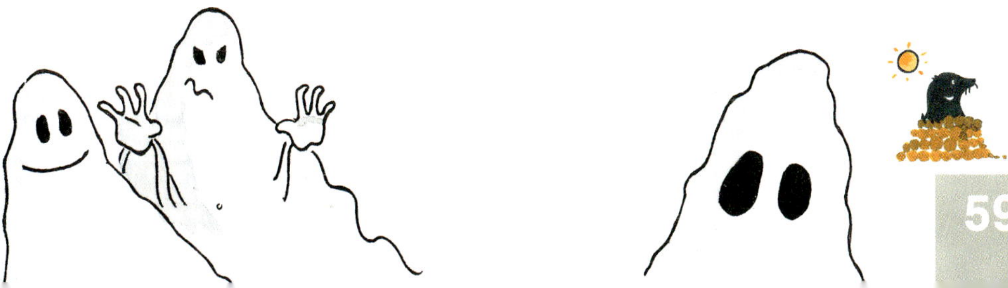

Au au

Maulwurf

Maus

Auto

Zauberer

Leiter

Ei ei

Eis

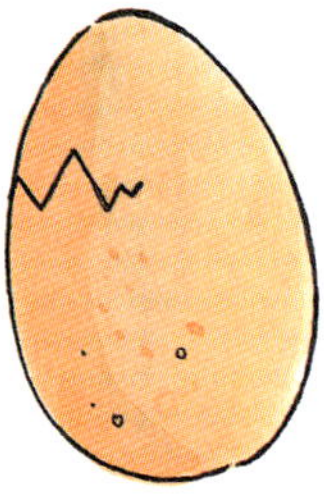

Ei

Meise

A, au, Ei, ei

Eu eu

Beutel

Euro

Eulen

Freunde

Scheune

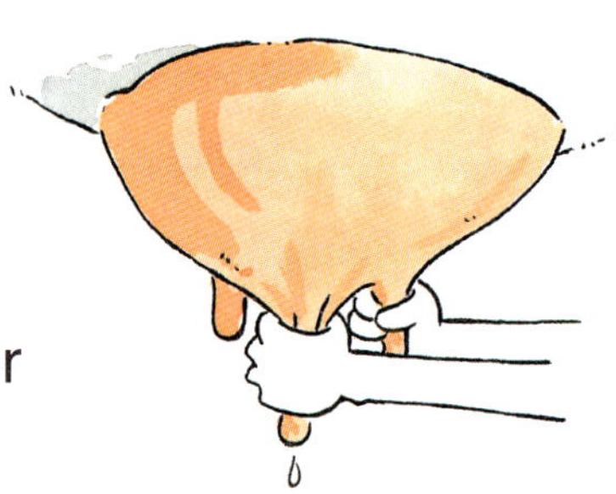

Euter

Heu

Eu, eu

eu

euneurueunerueuuuen
nueunurneenreunuue

Ä ä

Käfer

Bär

Äpfel

Ö ö

Öfen

Könige

Ü ü

Überfall

Rübe

Start

Ziel

Aa Bb Cc
Gg Hh Ii Jj
Nn Oo Pp
Uu Vv Ww

Dd Ee Ff
Kk Ll Mm
Qq Rr Ss Tt
Xx Yy Zz

ABCD eine kleine Fee,
EFGH die ich neulich sah,
IJKL zauberte ganz schnell,
MNOP tief im grünen Sommerklee,
QRST ein weißes Kleid aus Glitzerschnee.
UVWX das Kleid, das taute fix,
Y und **Z** das fand die Fee nicht nett.

Wer schwimmt noch auf dieser Seite?

A
B
C
D
E
F
G
H
I
J
K
L
M
N
O
P
Q
R
S
T
U
V
W
X
Y
Z

Durch welche Buchstaben haben sich die Mäuse geknabbert?

Durch welche Buchstaben haben sich die Raupen gefressen?

Wie gehts weiter?

☒	AB...	v	☐
☒	efg...	S	☐
☐	PQR...	h	☒
☐	ijkl...	C	☒
☐	MNO...	O	☐
☐	stu...	m	☐
☐	GHIJ...	P	☐
☐	LMN...	K	☐

Welcher Ball gehört wohin?

Was ist richtig?

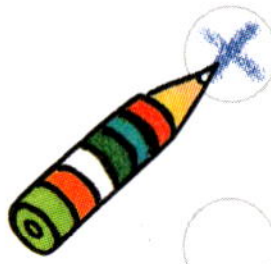

- MNOP
- FGHI
- tvw
- stuvwo
- xzy
- ABCDF
- CDG
- JKLM
- qrst

Was ist richtig?

EFGH

ABC

yz

QuRT

UVx

MNOP

IJL

STU

Die Löwen stapeln Kisten nach dem Abc.

Welche Kiste gehört wohin?

XY

Schlage die Wörter in der Wörterliste hinten nach. Auf welchen Seiten stehen sie?

Insel 86 ...	Qualle ...	Welle ...
Palme ...	Banane ...	Wolke ...
Affe ...	Pirat ...	Delfin ...
Fisch ...	Brille ...	Bikini ...
Melone ...	Zelt ...	Dose ...
Hose ...	Kaktus ...	Fotograf ...

Schlage die Wörter in der Wörterliste hinten nach. Auf welchen Seiten stehen sie?

Ball 82 ...	Gorilla ...	Hamster ...
Zebra ...	Robbe ...	Löwe ...
Elefant ...	Tiger ...	Nest ...
Eule ...	Fisch ...	
Esel ...	Kamel ...	
Giraffe ...		

A

aber
der Affe
Afrika
alle
also

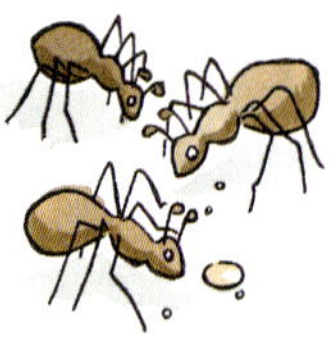

alt
am
die Ameise
die Ampel
die Amsel
an
die Ananas
der Anorak
der Apfel
die Äpfel
arbeiten

atmen
auf
aus
das Auto

B

das Baby
baden
die Banane
der Bär
basteln
bauen
der Baum
beginnen
bei
beide
beleidigen
bellen
benutzen
der Besen
der Beutel
der Biber

der Bikini
bis
bitten
blasen
blau
böse
der Boxer
die Brille
brüllen
brummen
der Büffel
bunt

C

das Cabrio
das Camping
der Clown
die Cola
der Collie
der Comic
der Computer
die Currywurst

D

da
dabei
dafür
die Dame
damit
das
dein
der Delfin
das Deo

der
deshalb
dich
der Dino
dir
die Distel
doch
das Domino
die Dose
du
die Düne
duschen

E

eben
egal
das Ei
eilen
ein
einfach
einladen
einmal
einsam
das Eis
der Elefant
der Elfmeter
die Eltern
die Ente
der Erfinder
der Esel
der Eskimo

etwas
die Eule
der Euro
das Euter

F

die Fabrik
fallen
falsch
falten
fassen
faul
finden
der Fisch
fischen
fit
die Fledermaus
die Flöte
der Fotograf
fragen
frei

der Freund
frisch
der Frosch
der Füller
fünf

G

geben
gegen
geheim
gehen
gehören
die Geige
gemein
genau
gerade
gewinnen
das Gewitter

die Giraffe
die Girlande

der Gorilla
die Grille
die Grimasse
die Gurke
gut

H

haben
halten
Hammer
der Hampelmann
der Hamster
der Hase
das Haus
heimlich
das Heu
heulen
heute
die Hexe
hinauf

hinaus
hinein
hinten
hinter
hoffen
hören
holen
die Hose
die Hummel
hupen
husten
der Hut

I

der ICE
der Igel
der Iglu
der Iltis
im

der Imker
immer
in
der Indianer
ins
die Insel
ist

J

ja
jagen
jammern
jeder
das Jojo
das Jubiläum
jubeln
das Judo
der Junge
der Juni
die Juwelen

K

der Käfer
der Kaktus
kalt
das Kamel
die Kartoffel
der Kasper
der Kater
kauen
kaufen
kaum
kein
kennen
kichern
die Kiste
kitzeln
klappern
kleben

klein
das Klo
knallen
kneten
kochen
der König
können
komisch
kommen
kosten
kuscheln
küssen

L

laden
das Lama
die Lampe
landen
lassen
die Laterne
laufen
laut

leben
legen
leicht
leise
die Leiter
lesen
die Libelle
lila
loben
logisch

die Lok
los
lösen
der Löwe
lügen
die Lupe

M

malen
man
der Mantel
die Marionette
die Maske
der Maulwurf
die Maus
mein
die Meise
die Melone
mich
minus
mischen
mögen
müde
die Murmel
die Muschel
müssen
die Mütze

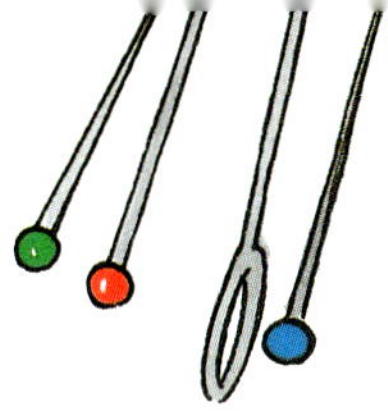

N

die Nadel
nagen
die Nase
das Nashorn
neben
neidisch
nein
die Nelke
nennen
das Nest
neu

neun
nicht
nisten
die Nixe

noch
normal
die Note
die Nudel
nun
nur
die Nuss
die Nüsse

O

die Oase
oben
oder
der Ofen
die Öfen
offen
oft
die Oma
der Opa
der Orden
das Osterei
der Osterhase

P

das Paket
die Palme
passen
peinlich
der Pelikan
pfeifen
pflegen
der Pinsel
der Pirat
planen
der Planet
plappern
platzen
pleite
plus

der Pokal
das Pony
pressen
proben
prügeln
der Pudel
pumpen
pusten
die Pyramide

Q

das Quadrat
quaken
die Qualle
der Qualm
der Quatsch
quatschen
die Quelle
die Quitte

a b c d e f g h i j k l m n o p q r s t u v w x y z

R

der Rabe
die Rakete
rascheln
rasen
raten
die Ratte
rattern
rau
rauben
rauf
raus
rauschen
reden
der Regen
reiben
reich
reif
reimen
rein
reisen
reiten
der Ritter
die Robbe
der Roboter
rodeln
rosa
die Rose
rosten
rot
rubbeln
die Rübe
rüber
rütteln
runter
rutschen

S

sagen
sägen
die Salami
der Salat
sammeln

die Sandale
der Sattel
sauer
saugen

sausen
schade
das Schaf
schaffen
der Schal
schalten
schauen
schaukeln
scheinen
die Scheune
schlafen

schlagen
schlau
schleichen
der Schlitten
der Schlüssel
schmal
schmatzen
schmusen
schnappen
schneiden
schnitzen
die Schokolade
schon
schön
schreiben
schütten
der Schwan
schweben
das Schwein
schwimmen
schwören
das Segel
segeln
sehen

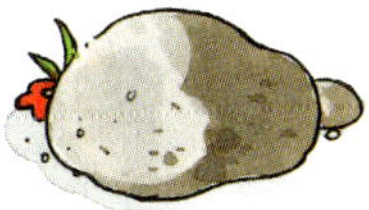

sein
seit
selten
der Sessel
setzen
sich
so
das Sofa
sofort
die Sonnenblume
sonst
der Spagat

spannen
sparen
der Spaten
der Spinat
die Spinne
spinnen
springen
die Spritze
spritzen
sprühen
spülen
spüren
die Staffelei
staunen
stehen
steif
steigen
steil
der Stein
stellen
der Stift
stolpern
stopfen
stoppen
der Storch
streichen
streiten

stur
suchen
summen
super
surren

T

die Tafel
tanken
tanzen
tappen

die Tasche
tasten
der Taucher
taufen
tauschen
das Taxi
der Teddy
teilen
das Telefon
der Tiger
tippen
der Tisch
toben
tollen
die Tomate
tot
total
tragen
treten
treu
die Trompete
tropfen
trösten
tun
die Tür

U

üben
über
der Überfall
das Ufo

der Uhu
um
der Umschlag
der Umzug
die Uniform
uns
unten
unter
die Urkunde
der Urwald

V

der Vampir
die Vase
der Vater
das Veilchen
der Verband
die Villa
der Vogel
von
vor
voran
voraus
vorne
der Vulkan

W

wach
der Wagen
wagen
der Wal
der Wald
wandern
die Wanne
warnen
warten
warum
was
waschen
das Wasser

weben
wegen
weich
weil
weinen
weit
die Welle
wem
wen
wer
wetten
die Windel
wir
wozu
wünschen

Z

zappeln
der Zauberer
zaubern
der Zaun
das Zebra
zeichnen
zeigen
das Zelt
zelten
der Zirkus
zischen
die Zitrone
zittern
zu
zum
zündeln
zwei
der Zwerg
die Zwillinge
zwischen
zwölf

a
c
e
b
d
l
n
k
m
t
v
s
u